U0004361

蘇珊娜・伊瑟恩（Susanna Isern）──著

　　育有三個孩子的蘇珊娜・伊瑟恩，是西班牙知名兒童心理學家、同時也是在美國獲得超過 14 種書籍獎項的童書作家。她目前已有超過 70 多本著作，其作品也被翻譯超過 12 種語言，並於多國發行。她認為情緒是生活教育中不可或缺的重要環節，因此作品多與兒童情緒議題相關，特別擅長運用生動的比喻與可愛的故事，讓孩子理解情緒管理的重要性。《鱷魚偵探【兒童情緒引導】故事大百科》融合了專業心理情緒引導以及精采故事，是蘇珊娜・伊瑟恩最重要的經典作品。除此之外，蘇珊娜・伊瑟恩曾於 2013 年榮獲知名「美國月光童書獎」，其著作《Bogo quierelotodo》也曾獲選「美國青少年圖書館協會選書」。

莫妮卡・卡雷特羅（Mónica Carretero）──繪

　　西班牙著名插畫師，為超過 70 多部兒童作品繪製插圖。她的插畫充滿繽紛色彩，散發喜悅、活力與快樂，作品也在英、美、澳、歐洲與中國出版。曾五度榮獲「國際拉丁美洲書獎」，並曾榮獲「倫敦書展」大獎、「美國圖書展」大獎。

葉淑吟──譯

　　西文譯者，永遠在忙碌中尋找翻譯的樂趣。譯有《謎樣的雙眼》、《南方女王》、《海圖迷蹤》、《風中的瑪麗娜》、《愛情的文法課》、《時空旅行社》、《黃雨》、《聖草之書：芙烈達・卡蘿的祕密筆記》、《螺旋之謎》、《百年孤寂》等書。

鱷魚偵探
兒童情緒引導
故事大百科

EL EMOCIONÓMETRO
DEL INSPECTOR DRILO

目錄

跟著鱷魚偵探，一起解開情緒案件之謎

調節情緒小妙方：用最適當的方式建立人際關係

【附錄】製作你的「10 大情緒引導 DIY 轉盤」

如何運用本書

跟著鱷魚偵探，一起認識、測量和調節你的情緒

　　「情緒」是日常生活中，不可或缺的部分。透過各式各樣的情緒，讓我們面對每天遭遇的各種情境。

　　情緒能幫助我們解決問題、避開危險，還可以讓我們經由求助或自我鼓勵，來面對日常生活中，新的情境。因此，情緒能改善我們跟周遭人事物，以及跟自我的關係。

　　只要適當調節自己的情緒，一切事物都能完美運行。當我們被情緒「捉弄」的時候——當某種情緒對上錯誤的情境、情緒太過強烈，又或者是某種情緒持續太久，就會發生問題。

　　有效的預防方法是：從小培養「情商」（Emotional Intelligence Quotient，簡稱 EQ），運用技巧幫助自己了解情緒。

這本書的目標，是幫助大家認識、測量和調節情緒。

在這段學習過程中，可以幫助你的角色有：

鱷魚偵探

森林村的名偵探、情緒專家。
透過他經手的情緒案件，
讓你看到鱷魚偵探對 10 大情緒的觀察，
以及解決方法。

10 大情緒小精靈

以下這十個角色代表了 10 大情緒。
之後，每一位情緒小精靈都有詳細的自我介紹喔！

10 大情緒引導 DIY 轉盤

鱷魚偵探的發明。
有了它，就可以診斷和測量情緒。

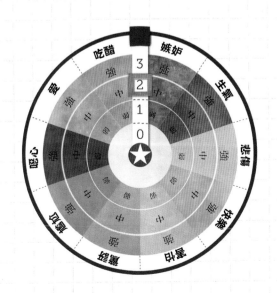

鱷魚偵探的神祕眼淚

鱷魚偵探小時候總是哭個不停。

他早上哭、中午哭、下午哭、晚上也哭……

覺得孤單的時候哭、有人陪的時候也哭，不論鱷魚偵探醒著或睡著，他都在哭。

家人和朋友都問他：「小鱷魚，你怎麼了？為什麼要哭？」

但是他不知道為什麼自己會哭。

有一天，烏龜爺爺來到小鱷魚家，他活了很久很久，知道這個世界所有的祕密。

他對小鱷魚說：「不用再尋找小鱷魚哭泣的原因啦！大家都知道鱷魚總是會無緣無故哭泣，這就叫作『鱷魚的眼淚』。」

可是小鱷魚聽完烏龜爺爺的回答並不開心，他開始問自己越來越多問題。他不但無法理解自己的眼淚，也不懂為什麼有些動物要哈哈大笑；為什麼天氣明明很熱，還是有動物在夜晚全身顫抖；為什麼有些動物會突然間怒氣沖沖和大吼大叫。

一年一年的過去了，小鱷魚長大變成了鱷魚偵探，一個專辦情緒案件的名偵探。當森林村的居民不知道自己發生什麼事的時候，都會打電話委託他調查。

認識10大情緒小精靈

樂樂

快樂

哈囉！
我叫樂樂，
我來自「10大情緒
精靈家族」。之後，
我跟兄弟姊妹會告訴你
一堆關於情緒的故事。
但是，在這趟「情緒故事之旅」
啟程前，讓我先跟你
介紹「10大情緒精靈家族」
的所有成員。

怕怕

害怕

難過先生

悲傷

小醋桶

吃醋

羞羞

尷尬

阿妒
嫉妒

驚驚
驚訝

怒怒
生氣

噁噁
噁心

小愛
愛

13

什麼是「情緒」？

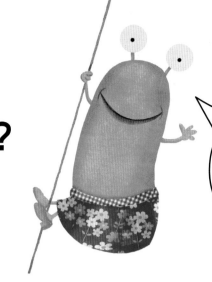

> 想要環遊情緒世界，
> 首先，最重要的是理解
> 「什麼是情緒」。
> 讓我們出發，
> 去認識各大情緒吧！

　　情緒是一種觸發過程，當我們面對周遭狀況時，感官會產生變化，這種變化可能是愉快的（好的），或者不愉快的（危險或威脅）。不論如何，情緒會觸發身體的反應或改變，用來面對當下遭遇的情況。

　　讓我們來看看下方圖示描述的情緒狀況：

產生變化

一、情境

　　有時候，我們會遇到某個情境，比如：在學校裡、在公園裡、在森林裡，或者在家裡……

二、詮釋

　　當我們發現這個情境，我們會對此賦予意義，而我們的意見、想法、剛剛遭遇的事，或者當天過得如何，都可能影響我們對這個情境的「詮釋」。

我們發覺自己的心情改變了，可能會覺得愉快，也可能覺得不愉快。

三、情緒

我們對這個情境的詮釋，會引起我們的情緒反應，這種情緒會從內心刺激我們。

我們感受到情緒變化，接著身體會產生反應，比如：心跳或呼吸加速。

四、行為

大多時候，我們會產生特定行為，反應剛才的情境。

鱷魚偵探第 **0** 號情緒案件：
小鹿小姐的神祕奔逃

一個陽光普照的夏日午後。

鱷魚偵探沿著森林村的河畔小徑散步，

遠遠的，他看見鄰居小鹿小姐坐在岸邊、雙腳泡在河水中，嘴裡還哼著歌。

突然間，小鹿小姐閉緊了嘴巴、安靜了幾秒鐘。這個狀況有點異常，她似乎看見了什麼東西，接著拔腿狂奔，一直跑回家才停下腳步。

鱷魚偵探仔細觀察這一幕，並且在探案筆記上記錄了這段過程。

鱷魚偵探在探案筆記上的圖示

情境  行為

小鹿小姐在河邊泡水消暑時,看見了某個東西。

小鹿小姐停止唱歌、安靜下來,最後飛也似的奔逃。

這段期間發生了什麼事?

她看見某個東西,跟她展現的逃奔行為,中間缺了哪一塊?

我還少了一塊非常重要的資訊,才能知道小鹿小姐究竟遇到了什麼事。

隔天，鱷魚偵探敲敲鄰居——小鹿小姐家的大門。小鹿小姐請他進門，邀他喝杯茶。

「小鹿小姐，妳還好嗎？我昨天在河邊看見妳，但是還來不及打招呼，妳就跑走了。」鱷魚偵探說。

「沒錯，偵探先生。都是因為蜜蜂。」小鹿小姐解釋。

「蜜蜂？」鱷魚偵探不解的問。

「對。牠們飛到我的旁邊。有幾十隻……」

「那麼，妳為什麼會想要拔腿快逃？」

「蜜蜂很危險。萬一被很多隻蜜蜂叮了，可能要住院……」

「其實……嗯……當時，妳有沒有發現自己的身體出現了什麼樣的變化？」

「聽你這麼一說……的確有！我看到蜜蜂飛得這麼近，雙腿就開始發抖、頭髮豎立了起來，心臟也不斷怦怦狂跳。」

「感謝妳，小鹿小姐。我想，我知道妳怎麼了。」

鱷魚偵探在探案筆記上的分析

一、情境

　　當小鹿小姐在河裡泡水消暑時，看見一群蜜蜂飛到身邊。

二、詮釋

　　小鹿小姐對這個情境的詮釋——危險。

三、情緒

　　小鹿小姐的心理狀態變得不太舒服。這個變化觸發身體反應：心跳加速、雙腿顫抖、寒毛直豎。

四、行為

　　小鹿小姐停止唱歌、安靜下來。最後，她飛也似的逃跑了。

鱷魚偵探第 0 號情緒案件調查結果：

在這個案件裡，小鹿小姐感受到的情緒是「害怕」。

從生理反應，理解你的情緒變化

我們在前面提到，
當我們感覺到某種情緒，
身體會慌張、內心有個東西會騷動。
這個內心的騷動，可能會觸發身體反應
和變化。我們感受到不同的情緒，
這些反應和變化也會有所不同。但是，
會有這些反應，同時也要看看當時
面臨的情境，和我們的個性。

接下來，跟我一起談談一些情緒反應。
相信你一定覺得似曾相識！

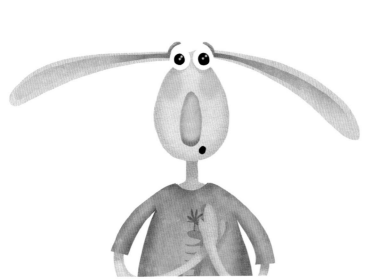

瞳孔放大：眼睛裡，瞳孔黑色的部分會變多，就像彈珠一樣大。

臉色發白：另一個生理反應是臉色發白，有時變得跟雪一樣慘白。

心跳加速：心臟彷彿幫浦，開始快速、有力的跳動。似乎就要跳出胸腔。

砰砰！

呼吸急促：我們的呼吸開始變快，就像一顆氣球不斷充飽又漏氣。

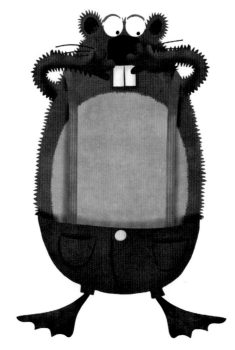

身體發抖：我們的身體開始發抖，覺得自己就像是在餐盤上搖晃的布丁。

開始流汗：我們開始注意到額頭、腋下、背部、雙腳潮濕，並且感到汗流浹背。

寒毛直豎：身體毛髮豎立，皮膚出現一般常說的「雞皮疙瘩」。

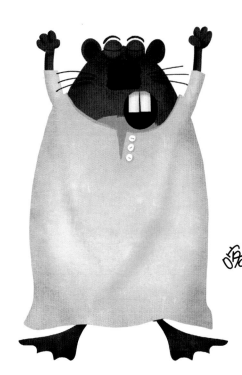

咯咯！咯咯！

我要去看我的曾……曾……曾……曾……曾曾曾祖母。

打呵欠：我們半張開嘴巴，露出口腔後上方的小舌。我們吸入空氣，再吐出，覺得相當自在！

不斷咳嗽：我們開始不停咳嗽，但是並不是感冒了。咳嗽時，我們會突然吐出空氣，就像氣球破掉。有時候，我們會發出像獅子那樣的咆哮聲。

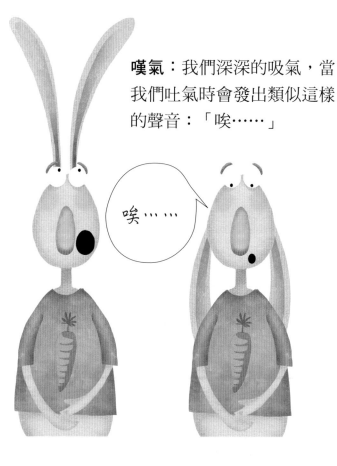

唉……

嘆氣：我們深深的吸氣，當我們吐氣時會發出類似這樣的聲音：「唉……」

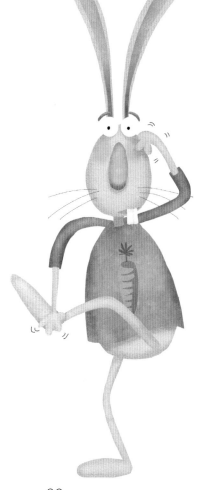

結巴：舌頭不聽使喚，就像打結了，吐出來的話像是撞在一起。

叮癢：彷彿螞蟻窩裡的所有螞蟻爬滿全身，叮得我們到處發癢：頭部、耳朵後面、手臂、雙腿、腳趾尖……我們無法停止抓癢，而且越抓越癢。

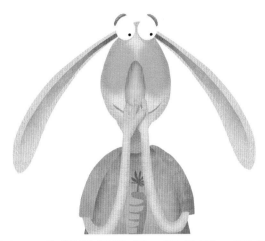

臉紅： 我們覺得臉頰一陣熱燙、呼吸困難。如果有鏡子，我們會發現臉就跟番茄一樣紅。

肚子痛： 我們覺得肚子痛，彷彿一口氣吃掉了一大籃櫻桃，但是事實上，我們連一顆都沒吃。這不是因為吃壞肚子，而是有其他原因。

哭泣： 我們的眼睛充滿淚水，淚珠像溜滑梯般滑下我們的臉頰。可能是覺得悲傷、快樂或生氣而哭泣。

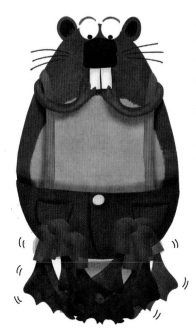

動個不停： 即使坐著，雙腿也無法安靜下來。我們像坐在彈簧上，身體上上下下、往左又往右。

哈哈哈……

哈啾！

打噴嚏： 空氣從嘴巴和鼻子裡爆衝而出的聲音，可能伴隨著鼻涕和口水。打一個很大的噴嚏後，我們會覺得如釋重負。

鱷魚偵探的探案手提箱

跟所有優秀偵探一樣，鱷魚偵探也會隨身攜帶探案手提箱。手提箱裡有哪些東西呢？

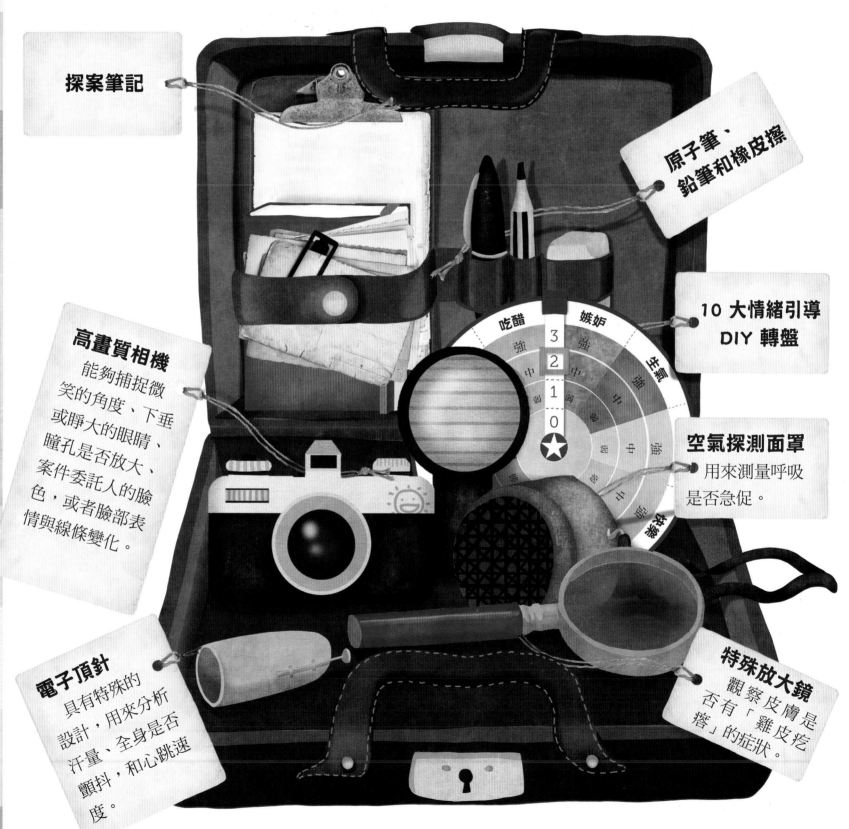

探案筆記

原子筆、鉛筆和橡皮擦

10 大情緒引導 DIY 轉盤

吃醋 嫉妒 生氣

高畫質相機
能夠捕捉微笑的角度、下垂或睜大的眼睛、瞳孔是否放大、案件委託人的臉色，或者臉部表情與線條變化。

空氣探測面罩
用來測量呼吸是否急促。

電子頂針
具有特殊的設計，用來分析汗量、全身是否顫抖，和心跳速度。

特殊放大鏡
觀察皮膚是否有「雞皮疙瘩」的症狀。

鱷魚偵探的神奇妙發明
「10 大情緒引導 DIY 轉盤」

根據探案時的觀察，加上偉大情緒理論學家的啟發，鱷魚偵探設計了一款最吸晴的探案工具，就藏在探案手提箱的隱密角落。

這個不可或缺的探案工具，是他面對棘手情緒任務時，用來確認和測量情緒的重要工具。這個神奇的發明叫作——10 大情緒引導 DIY 轉盤。

你可以在這本書的最後面，找到「10 大情緒引導 DIY 轉盤」零件，並且依照圖示，完成你專屬的「10 大情緒引導 DIY 轉盤」！

讓我們跟著鱷魚偵探，一起探索神祕的情緒案件吧！

如何運用「10 大情緒引導 DIY 轉盤」？

現在，
準備好認識鱷魚偵探的祕密發明了嗎？
「10 大情緒引導 DIY 轉盤」
是幫你辨識情緒與確定情緒強度的工具。
正如你看到的，這是個圓形轉盤，
上面分成十個一樣大小的區塊，
每個區塊用不同顏色代表不同情緒。

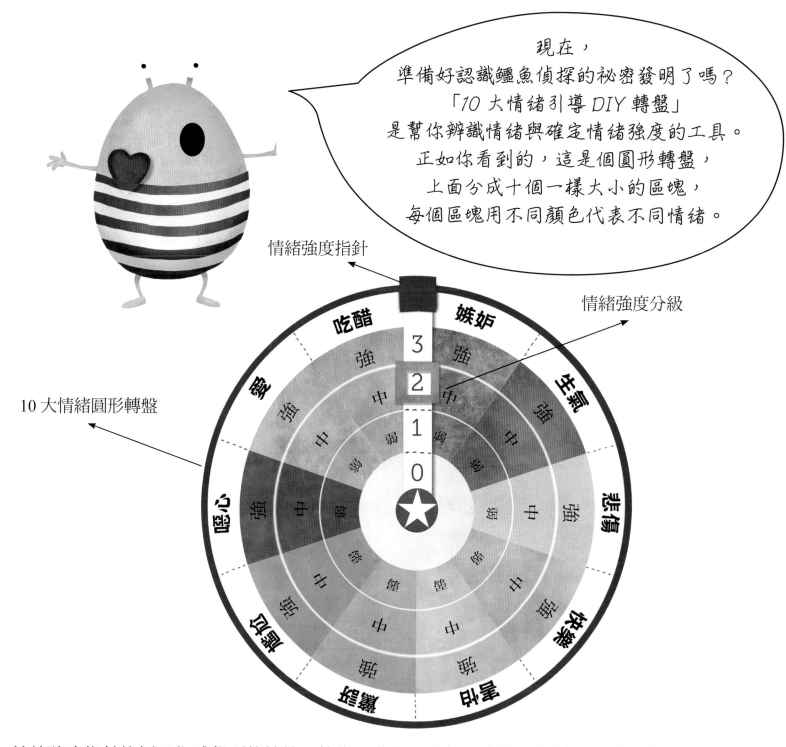

情緒強度指針

情緒強度分級

10 大情緒圓形轉盤

情緒強度指針能標示你感覺到的情緒：快樂、悲傷、生氣、害怕、嫉妒、吃醋、驚訝、尷尬、噁心或愛。轉動「情緒強度指針」，停在你覺得自己感受到的情緒區塊。

情緒強度指針標示的任何一種情緒，共分為三種等級的強弱度。移動指針上的「情緒強度分級」，來分辨你的情緒強度等級。

測量方式是以你主觀、個人的認知為主。

理解情緒強度等級

情緒強度第 0 級：沒有任何情緒的中立狀態。處在這個狀態時，這個人是非常放鬆的，就像情緒全都睡著了。

情緒強度第 1 級（弱）：情緒微微波動，一點點、非常輕微。

情緒強度第 2 級（中）：情緒中度波動，不多也不少。

情緒強度第 3 級（強）：情緒大幅度波動，非常劇烈、非常強烈。

學會辨識你的情緒

想要正確使用「10 大情緒引導 DIY 轉盤」，以及學會辨識你的感覺，首先你得好好認識情緒。

鱷魚偵探的「10 大情緒引導 DIY 轉盤」列出了 10 種情緒：快樂、悲傷、生氣、害怕、嫉妒、吃醋、驚訝、噁心、尷尬和愛。

好了，該是聊聊各種情緒的時刻囉。
我叫樂樂，我總是快快樂樂的。
或許你已經知道，我就是代表快樂的情緒小精靈。

快樂

快樂是一種非常愉快的感覺，通常在我們遇到美妙事情的時候出現。

當我們感到快樂時，心情會很好，我們會微笑、開心的笑，想要做很多事情。

眼睛下面
出現紋路

嘴唇彎出像一片
香瓜的微笑曲線

臉頰
往上提

我們可以用「10 大情緒引導 DIY 轉盤」測量我們的快樂情緒。注意！轉盤上一共有三種情緒強度。接下來，我們用經常讓我們「大笑」的事情，形容快樂情緒的強度，例如：搔癢。

 情緒強度第 1 級（弱）

當我們覺得「有點快樂」的時候，我們會感到自在、心情平靜、露出微笑。就像有人輕輕吹了一下我們的脖子後面，產生一點點搔癢的感覺，這種美好的感覺會蔓延到全身上下。

 情緒強度第 2 級（中）

當我們覺得「快樂」的時候，我們會露出牙齒微笑、感覺身體充滿能量、非常樂觀。就像一群瓢蟲爬過我們的背部，瓢蟲的觸角和翅膀讓我們覺得身體發癢。

 情緒強度第 3 級（強）

當我們覺得「非常快樂」的時候，我們會咧嘴大笑、覺得自己能完成任何事情。我們開心的大笑、跳躍、發出「耶耶耶！」的歡呼聲。就像一隻手不停搔癢我們的腳底和腳趾頭。

松鼠安妮的微笑

　　星期六早上，松鼠安妮笑嘻嘻的上市場。

　　「早安，松鼠安妮。妳今天看起來很高興，因為穿新靴子嗎？」麵包攤老闆問她。

　　「不對，不對。」松鼠安妮淘氣的回答。

　　「哈囉，松鼠安妮！妳看起來笑臉迎人，我敢說是因為今天沒下雨！」水果攤老闆娘暗示。

　　「不對，不對。」她愉快的回答。

　　「天哪，松鼠安妮！妳今天可真開心，我打賭妳一定找到了什麼便宜貨吧。」魚攤老闆對她說。

　　「不對，不對。」松鼠安妮笑嘻嘻的回答。

　　鱷魚偵探也注意到松鼠安妮的模樣，對她感到非常好奇。

　　「讓我猜猜看，松鼠安妮。我想，我知道妳為什麼會微笑，跟那封信有關嗎？」鱷魚偵探指著從手提包裡露出來的信。

　　「你猜對了，鱷魚偵探！今天一大早，我收到松鼠姊姊席樂薇的來信，她要來看我。我要準備一頓美味的晚餐來招待她。」

鱷魚偵探的探案筆記

我觀察到幾個行為，用來確認松鼠安妮的感覺：

✓ 她咧嘴微笑。

✓ 她哼著一首歌。

✓ 她在市場裡雀躍的跳著走路。

✓ 她充滿能量和樂觀。

✓ 她會開玩笑，心情非常好。

✓ 她跟市場的攤販玩「猜猜看」遊戲。

這是我拍到的照片

當許久不見、心愛的人來訪，我們會覺得快樂，我們會想替她準備特別的東西、慎重接待。

松鼠安妮的「快樂」感受非常明顯，當我問她的「快樂情緒有多強烈」時，她覺得自己感覺背部癢癢的，就像有一群瓢蟲爬過去。最後，我們確認松鼠安妮感覺到的情緒是「快樂」，情緒強度是「10大情緒引導 DIY 轉盤」上的第 2 級（中度）。

哈囉，各位朋友。我叫傷心先生。
唉⋯⋯我今天真的很悲傷，但是別擔心，
因為我代表悲傷的情緒。

悲傷

當發生我們不喜歡的事情時，我們通常會感到悲傷。悲傷會讓我們的眼睛和嘴巴下垂、眼神變得迷茫，看到的東西似乎都是黑色的。我們提不起精神做任何事，想要一整天都躲在床上。

眼皮下垂，像是半放下來的百葉窗

嘴唇下垂

眼神迷茫

我們可以用「10 大情緒引導 DIY 轉盤」測量我們的悲傷情緒。注意！轉盤上一共有三種情緒強度。接下來，我們用「下雨」來形容悲傷情緒的強度。

情緒強度第 1 級（弱）

當我們覺得「有點悲傷」，我們會感到有些空虛、發現自己缺少了某個東西。這就像天空下起綿綿細雨、天氣變冷，加上下雨有點討厭，可是這樣的情況不那麼引人注意。

情緒強度第 2 級（中）

當我們感到「悲傷」，我們會不想說話、充滿悲觀情緒。彷彿天空下起大雨，淋濕了我們的衣服、頭髮和臉，我們想撐開雨傘擋雨，但是卻忘了帶，或者發現雨傘壞掉了。我們想找個地方躲雨，可是不知道該往哪邊跑，我們變得安靜、呆站在大街上，不知道該做什麼。我們很可能會想哭，但是有時候卻哭不出來。

情緒強度第 3 級（強）

當我們感到「非常悲傷」，會覺得自己像是掉進了一口黑漆漆的深井，且爬不出來。

深刻悲傷的日子就像暴雨來襲，雨水彷彿浸透到我們的骨頭裡，讓人覺得好痛。下大雨時，悲傷會淹沒一切，甚至讓人難以呼吸。暴雨像是永遠不會停止，最後，我們在一艘小紙船上漂流，在這趟很可能到不了終點的旅程中，一直哭泣。

鱷魚偵探第 **2** 號情緒案件
奇里克街的漏水事件

鱷魚偵探爬上位於奇里克街的一棟大樓，他爬到最高一層樓，然後大聲呼喚。

「開門，咕咕雞夫人！我是鱷魚偵探！您不能再這樣下去！整棟大樓會淹水！讓我來幫您！」

門終於打開了，一條小河從大門衝了出來。咕咕雞夫人家的地板上有著大片積水，還有一堆用過的手帕。咕咕雞夫人哭得無法自已。

「太可怕了！咯咯雞送了我她親手用羽毛筆彩繪的蛋殼。那天卻不小心掉下去、打破了。」

「喔！我懂了……您會難過是正常的，但是我們要找個解決辦法。我們來打電話給您的朋友咯咯雞夫人，告訴她發生了什麼事。」

「可是……您瘋了嗎？要是這麼做，咯咯雞可能會非常失望。」

鱷魚偵探拿起電話筒，要咕咕雞夫人打電話給她的朋友。咕咕雞夫人抽抽噎噎的訴苦，不久後，她終於不哭了。她對電話另一頭道再見，臉上終於露出了微笑。

「鱷魚偵探，您說的沒錯。咯咯雞說那只是個意外，沒有必要傷心。」

鱷魚偵探的探案筆記

一看到咕咕雞夫人，我就知道她感受到了悲傷。

我根據她的以下症狀得到結論：

✓ 關在家裡不想見任何人。

✓ 好幾天沒吃東西、外表憔悴不堪。

✓ 提不起精神做任何事。

✓ 哭得很傷心。

✓ 對任何建議都感到悲觀。

✓ 把小事看得非常嚴重。

失去東西是悲傷的主要原因之一。除非我們能放下悲傷，或者找到解決辦法，否則我們永遠甩不掉這種情緒。

這是我拍到的照片

沒錯，咕咕雞夫人覺得悲傷。她跟我說：她承受不了摔破蛋殼的意外打擊。她覺得頭上彷彿有一朵雨天的烏雲，形影不離的跟著她。我們最後確認，她感到的情緒是「悲傷」，情緒強度是「10 大情緒引導DIY 轉盤」上的第 2 級（中度）。

咕咕雞夫人打破了對她來說，非常珍貴的東西，她覺得自己像是背叛了咯咯雞夫人。當她面對自己悲傷的原因之後，她發現原以為破裂的友誼完好如初，蛋殼是可以被取代的，不禁鬆了一口氣。

我們經常在如釋重負之後擺脫悲傷情緒。跟咯咯雞夫人談完後，咕咕雞夫人的悲傷便完全消失了（情緒強度回到第 0 級），甚至轉換成「有點開心」的情緒（情緒強度第 1 級）。

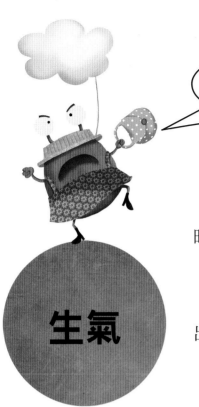

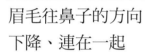

生氣

> 仔細看！我可不想再重複一遍！
> 我的名字叫怒怒，總是嘀咕抱怨每件事。
> 我非常生氣，因為我不想出現在這裡。你可以猜到，
> 我就是代表生氣的情緒小精靈。

當我們覺得心煩氣躁、做什麼都不順，或者認為自己遭到不公平對待時，就很容易滿腦子只想著生氣。

當我們生氣時，會皺眉、瞇起眼睛和咬緊牙根。

這種情緒會讓我們繃緊神經，如果太過強烈，我們可能會失去控制、出現脫軌行為。

眉毛往鼻子的方向
下降、連在一起

眼神充滿怒氣

嘴唇緊閉

我們可以用「10 大情緒引導 DIY 轉盤」測量我們的生氣狀態，注意一共有三種情緒強度。接下來，我們用「火」來形容生氣情緒的強度。

 情緒強度第 1 級（弱）

當我們覺得「有點生氣」時，會感覺到胸口開始發熱，就像內心出現火花，或者點燃一簇小小的火焰。如果我們能即時發現，就是面對這個小火苗，並且吹一口氣就能撲滅它最完美的時刻。

 情緒強度第 2 級（中）

當我們覺得「生氣」時，會感覺到內心似乎有個東西燃燒起來，火焰慢慢變大、變成一個火堆。這時，想要滅火比較困難，如果我們依然忽略，就可能會延燒開來。但是，如果我們冷靜下來，就能滅火、阻止火勢越燒越旺。

 情緒強度第 3 級（強）

當我們覺得「非常生氣」時，會感到怒火中燒，彷彿從腳趾頭燒到頭頂最後一根頭髮。蔓延開來的怒火會引發一場失控的火災，熊熊烈火會吞噬眼前的所有東西，這時候，要想滅火就需要很多力氣和決心。如果不小心，恐怕會造成嚴重傷害。

當我們生氣時，也可能會感到悲傷，這兩種情緒經常一起出現。

青蛙先生與糟糕的晚餐

這天晚上，鱷魚偵探跟小鹿小姐到森林村一間人聲鼎沸的餐廳用餐。青蛙一家就坐在他們的隔壁桌。青蛙爸爸看見服務生先接待其他桌客人，開始顯得焦躁不安。

「服務生！我們餓了！」

服務生飛也似的衝回廚房。短短幾秒，就端出一鍋熱氣騰騰的蒼蠅湯。他拿著大湯杓替青蛙一家人盛湯，不幸的事卻發生了，服務生一個不小心，把湯灑在桌布上。服務生向他們道歉、清乾淨桌面，表示要去端更多湯來。但是過了幾分鐘，服務生還是沒回來。

這時候，青蛙爸爸的臉越來越紅，他鬆開領結、拿起餐巾擦拭額頭上的汗水。最後，服務生終於把湯端了過來，再一次道歉後開始裝湯。可是，青蛙家族的幾個成員開始抱怨剛剛裝好的湯冷了，當整桌的湯都裝好了以後，青蛙爸爸看見，或者正確來說，他沒看見……

「服務生！我的湯裡怎麼連一隻蒼蠅都沒有？」他的怒吼響徹雲霄，眼珠子像是要蹦出眼眶。

這時，青蛙爸爸抓起桌巾，使盡吃奶的力氣用力扯。盤子、杯子、湯盤……全都四處散落，摔成碎片躺在地上。

鱷魚偵探的探案筆記

當我研究青蛙爸爸的案件時，馬上發現他感受到的情緒是「生氣」。此外，我還發現他的生氣感受經歷了三種情緒強度。

一開始，青蛙爸爸等得不耐煩，這樣的狀態可以說他開始感到「有點生氣」，所以這是情緒強度第 1 級（弱）。這個時期也是青蛙爸爸試著冷靜下來、撲滅內心火苗的最佳時間。

可是，他沒有冷靜下來，而是讓怒火繼續延燒下去。當服務生把湯灑出來，青蛙爸爸已經臉色漲紅、開始流汗，並且感覺自己的胸口悶悶的。這時，他感到自己「生氣」了，所以情緒強度是第 2 級（中）。

接著，怒火延燒了開來。當有人開始抱怨湯冷了、湯裡面連一隻蒼蠅也沒有，青蛙爸爸失去控制、爆發開來，把所有東西都摔到地上。他覺得「非常生氣」，情緒強度處在第 3 級（強）。

除了青蛙爸爸的個性強悍，也可能有其他原因刺激了他，讓他失控了。他可能過了非常難過的一天，感覺疲倦、飢腸轆轆。但是，儘管所有人都有生氣和抱怨的權利，我們同時也該懂得尊重他人，避免失控情形發生。

哈囉，我是怕怕。
我幾乎什麼都怕，所以名字有害怕的意思。
比如現在，我就有點怕你對我會有哪些想法，
你可能以為我是個膽小鬼。我代表的是害怕的情緒。

害怕

當我們覺得「某個東西可能有危險」，我們會感到害怕。「害怕」會讓我們睜大眼睛和張開嘴巴、引起身體顫抖，還有讓心臟怦怦狂跳、開始流汗。我們一旦覺得害怕，會封鎖自己、無法注意其他東西。

眼睛張得很大

眼皮往上提

瞳孔放大

嘴巴繃緊和半開

我們可以用「10 大情緒引導 DIY 轉盤」測量害怕情緒。注意！害怕一共有三種情緒強度，我們可以用「毛茸茸的黑蜘蛛」舉例。

情緒強度第 1 級（弱）

當我們覺得「有點害怕」時，我們會猶豫、相信可能會發生不好的事情。這就像房間裡有一個玻璃箱，裡面裝著一隻毛茸茸的巨大黑蜘蛛。牠看起來無法離開玻璃箱，可是……萬一牠逃跑了呢？

情緒強度第 2 級（中）

當我們覺得「害怕」時，我們會感覺到危險靠近，就像巨大的蜘蛛從玻璃箱逃出來，大搖大擺的在房間裡遛達。我們用床單包裹住自己、只露出鼻子、斜睨著蜘蛛，希望牠沒看到我們、趕快離開。

情緒強度第 3 級（強）

當我們覺得「非常害怕」時，我們會感到恐懼、相信某個可怕的事情就要發生了。蜘蛛張著無數隻毛茸茸的腿爬上我們的床鋪、往我們靠過來。我們蜷縮成一團、躲在床單底下發抖。

小老鼠五寶怎麼了？

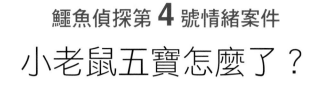

老鼠一家全部都醒著，而且相當驚慌。不久之後，鱷魚偵探接到他
們的電話，請求他的幫助。

五胞胎的房間裡，小老鼠五寶縮在床角不斷發抖、哭得無法自已。老鼠媽媽抱著他，試圖安慰他。

「他怎麼了？」鱷魚偵探問。

「已經連續三天了，小老鼠五寶在凌晨尖叫醒來、嚎啕大哭，但是他沒告訴我們發生了什麼事。」老
鼠爸爸解釋。

「我懂了。」鱷魚偵探說，「請讓我單獨在房間待一下。」

鱷魚偵探關掉房間裡的電燈。幾分鐘後，他從房間出來，問了一個問題：

「老鼠先生和老鼠太太，這三天，房間裡有什麼改變嗎？」

「經你這麼一說……對……這個衣架是新的。」老鼠媽媽肯定的說。

「我猜……另一個問題是幾天前的萬聖節。小老鼠五寶也去參加慶祝嗎？」

「當然。我們的孩子都喜歡萬聖節裝扮。」

「這幾張令人毛骨悚然的黑貓圖，是小老鼠五寶的作品嗎？」鱷魚偵探讓他們看了在房間裡找到的幾
張圖畫。

「沒錯，鱷魚偵探。小老鼠五寶喜歡畫畫……」

鱷魚偵探的探案筆記

　　分析這個案件時，我立刻發現小老鼠五寶嚇壞了。他感覺到恐懼，也出現以下幾個異常反應：

✓ 尖叫吵醒全家。

✓ 害怕的哭了。

✓ 全身發抖。

✓ 無法說出發生了什麼事情。

✓ 嚇傻了。

　　我發現，「10 大情緒引導 DIY 轉盤」正指著情緒強度第 3 級——非常害怕。但是，小老鼠五寶怎麼會那麼害怕？

　　我在房間裡找到了三條線索，這個情緒案件的真相如下：

　　一、日曆上，萬聖節那天被圈了起來，上面寫著「貓和貓頭鷹之夜」。

　　二、桌上有幾張令人感到全身發毛的黑貓圖。

　　三、關掉電燈後，衣架看起來像是張牙舞爪的巨大貓咪。

小老鼠五寶當然會覺得害怕了，連續好幾個晚上，他把衣架想成了危險的巨貓。

我的名字叫「阿妒」，
因為我想要擁有其他人的所有東西。如果小明有一條狗，
我也想要有一條狗；如果小華有一輛新腳踏車，
我也想要買一輛；如果小美綁辮子，我也想綁一樣的髮型。
我代表的是嫉妒情緒。

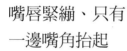

嫉妒

嫉妒出現時，我們會想跟其他人擁有一樣的東西，或做一樣的事情。我們可能會嫉妒別人的生活、他們有的某些東西或特質，或者當他們去非常棒的地方旅行或從事一些令人開心的活動，我們會覺得嫉妒。我們也會嫉妒有些人的人緣很好，或受到其他人喜愛。例如：嫉妒他人可以到中國旅行、嫉妒某個同學有某個玩具、嫉妒班上最受歡迎的男生、嫉妒某個女生朋友的紅色卷髮，或者嫉妒某個朋友有一雙綠色眼珠……

嘴唇緊繃、只有
一邊嘴角抬起

我們可以用「10 大情緒引導 DIY 轉盤」測量嫉妒情緒。注意！嫉妒一共有三種情緒強度。要測量嫉妒，我們可以想像有三個不同尺寸的欲望盒子：小的、中的和大的。

情緒強度第 1 級（弱）

當我們覺得「有點嫉妒」時，比如「有人擁有我們喜歡的東西」，這時候，我們會想著：「嘿！他太幸運了吧！」可是，回到家我們就可以將這件事拋諸腦後。這時，「想要其他人的東西」是小的欲望盒子，很容易忽略。

情緒強度第 2 級（中）

當我們覺得「嫉妒」時，比如「有人因為工作好或表現好，我們想要跟他一樣」。這時候，我們甚至會覺得這個人享有特權，我們卻沒有，是不公平的：「為什麼他有，我卻沒有？」當我們回到家後，會繼續想著這件事，依然認為不公平。這時，「想要擁有其他人的東西」是中的欲望盒子，我們經常意識到這個盒子，但是隨著時間過去，我們會淡忘。

情緒強度第 3 級（強）

當我們覺得「非常嫉妒」時，比如「有人恰巧有一堆我們想要的東西」。他看起來經常受到幸運之神眷顧，當我們過得不順遂時，這種感覺會加深：「他樣樣都做得好！而且他是最聰明、好看、受歡迎的人物……為什麼所有好事都會發生在他身上？」我們無法將這個想法趕出腦袋，不自覺的看不起這個人。

這時，「想要擁有其他人的東西」是大的欲望盒子。我們一直帶在身上，儘管重得不得了，還是無法卸下來。盒子裡面有無止境的欲望，有些欲望非常巨大。

鱷魚偵探第 **5** 號情緒案件
綿綿羊貝拉的日記

綿綿羊貝拉和父母住在森林村郊區一棟美麗的屋子。她有自己專屬的大房間，經常待在裡面，四周圍繞著她擁有的東西。

一天早上，綿綿羊爸爸在女兒房間裡發現了令人不安的東西。小綿綿羊貝拉不小心把攤開的日記本放在床上。綿綿羊先生忍不住看了以下這段話：

想要變得更快樂，我急需：

✓ 跟大象米妮一樣的長鼻子，用來把奶酪淋在派對賓客身上。

✓ 跟咯咯雞夫人送給咕咕雞夫人一樣的手繪彩蛋。

✓ 跟松鼠安妮一樣，有個感人的姊姊探訪。

✓ 跟青蛙一家一樣，跟家人出門吃晚餐。

✓ 跟老鼠家一樣的萬聖節計畫，舉辦令人毛骨悚然的「貓與貓頭鷹之夜」。

綿綿羊爸爸讀完這一段，覺得非常憂心。他跟綿綿羊媽媽談過之後，兩個人決定，最好的辦法是打電話給鱷魚偵探，尋求專業建議。

鱷魚偵探的探案筆記

　　我仔細讀過綿綿羊貝拉的那頁日記，所有句子都是有關這位「綿綿羊小女生想要其他動物的東西」。她在日記上寫下這句：「想要變得快樂，我急需：……」意味著她非常在乎生活周遭看到的東西。

　　為了收集更多資料，我問了綿綿羊貝拉身邊幾個女生朋友，最近對綿綿羊貝拉的看法。這些是我得到的回答：

✓ 她的怪異行為已經出現一陣子了，經常心不在焉、恍恍惚惚的。

✓ 她最近變得不太尋常，回話語氣粗魯，也會流露出不合理的輕鄙態度。我們不知道為什麼。

✓ 她有點怪，有一天她推了班上一位女同學。

✓ 她似乎常常忽略東西的價值。

　　綿綿羊貝拉對其他人的東西感到「非常嫉妒」，這個狀態顯然已經有一段時間了。因此，她沒辦法感到快樂、無法對自己擁有的東西感到滿足。不過，她沒發現自己的嫉妒情緒有多強烈。

哈囉！我來了！拜託，請看我一眼！
我的名字叫「小醋桶」，我需要身邊的人非常注意我、
不能忘記我。我是代表「吃醋」的情緒小精靈。

吃醋

吃醋是常見的情緒，是一種對其他人產生敵意的感覺。當一個人發現因為第三者出現，失去心愛之人的注意或溫柔對待時，這種情緒就會出現。可能會表現在愛情、家庭跟友誼關係上。

例如：好朋友跟其他人在一起、爸媽親了弟弟、另一半跟其他男生或女生一同大笑，都可能讓你感受到吃醋的情緒。

眼睛盯著嫉妒的對象

嘴唇緊閉、微微的扭曲

我們可以用「10 大情緒引導 DIY 轉盤」測量吃醋情緒。注意！一共有三種情緒強度。測量吃醋時，得想像有一個籠子，裡面有我們可以打開跟關上的門跟窗戶。

吃醋是一種應該控制的情緒。把心愛的人關進籠子絕對不是個好辦法。

情緒強度第 1 級（弱）

當我們覺得「有點吃醋」時，我們會感覺到心愛的人對我們的感情和愛受到一點威脅。這種感覺的強度剛剛好，甚至能把醋意轉成溫柔表達。

覺得有一點醋意時，我們會想把心愛的人關進籠子，不讓內心出現空洞。不過，他可以從籠子內出來，也能隨心所欲打開窗戶。

情緒強度第 2 級（中）

當我們覺得「吃醋」時，我們會發覺心愛之人對我們的感情或愛，受到一定程度的威脅。這個時候，吃醋的感覺就像背叛，可能讓我們跟其他人都不好受。

這時，我們會想把心愛的人關進籠子、守著門口跟窗戶。

情緒強度第 3 級（強）

當我們覺得「醋意大發」時，我們會盲目的認為跟心愛之人的關係陷入危險。因此，我們變得坐立不安，對身邊的人經常行為不當、舉止失常。我們想要把心愛的人關進籠子鎖上，只有我們可以靠近。裡面的人會感覺被囚禁、呼吸不過來。

小熊莎露的怪異舉止

　　熊爸爸和熊媽媽跟三個女兒住在一起。老大叫大熊莎拉，老二叫小熊莎露，最小的叫寶寶熊莎莉。熊爸爸跟熊媽媽對三個女兒都疼愛有加，盡可能把時間公平分配給三姊妹。三姊妹中的老大大熊莎拉，經常需要爸爸媽媽指導功課；老么寶寶熊莎莉，需要爸媽特別關注，因為她還是個熊寶寶；老二小熊莎露還不需要跟姊姊一樣，有考試、功課，另一方面，她也不需要跟妹妹一樣，需要那麼多照顧。所以，大部分的時間，她都自己待在房間裡玩耍。

　　一切看起來很美好，可是某天下午，當熊爸爸幫大熊莎拉寫功課、熊媽媽餵寶寶熊莎莉吃點心時，小熊莎露突然跑回自己的房間，嘴裡抱怨：「每次都是她們！每次！」

　　爸媽不懂究竟發生了什麼事情，但是從這一刻起，小熊莎露似乎變了一個人。她不是一臉傷心、垂頭喪氣，就是經常發脾氣、冷落姊姊跟妹妹。

　　最後，熊爸爸跟熊媽媽擔心女兒的狀態，決定聯絡鱷魚偵探。拜訪過後，鱷魚偵探提出了一個看法。

鱷魚偵探的探案筆記

　　我馬上發現，小熊莎露的問題在哪裡。她的狀況很明顯：

✓ 熊爸爸幫忙姊姊寫功課。

✓ 熊媽媽餵妹妹吃點心。

✓ 小熊莎露只能自己一個人玩。

　　此外，小熊莎露的反應和面對姊姊、妹妹的不尋常舉止，確定了我的懷疑。她的傷心和生氣情緒，其實是來自另一種情緒爆發——她吃醋了。再加上，小熊莎露也感受到：姊妹間多少會向爸媽爭寵。

　　小熊莎露的情緒在「10 大情緒引導 DIY 轉盤」中，第 3 級情緒強度（中）。她吃醋的情緒，甚至讓她對姊姊和妹妹舉止失當。

　　鱷魚偵探通知熊爸爸和熊媽媽這個結論，他建議：「即使第二個孩子不需要那麼多關注，還是需要每天撥出跟其他姊妹一樣多的時間，獨屬於她，即使是一起拼圖、唸故事書或聊天。」

我的名字叫驚驚，
我最喜歡的字是「喔」！
我常常目瞪口呆，
因為我是代表「驚訝」的情緒小精靈。

當發生某個出乎意料，或者預期外的東西，我們會感到驚訝。這個情緒可能是正面的「驚喜」，也可能是負面的「驚嚇」。

當我們覺得驚訝時，感覺到心臟似乎停了一秒鐘，接下來怦怦狂跳。我們的眉毛會抬高、眼睛會睜得跟盤子一樣大，而嘴巴則會張開，呈現「圓圈」的形狀。這是一種短暫的情緒，很快就會轉換成其他情緒。

驚訝

眼睛睜得跟盤子
一樣大

眉毛會抬高

嘴巴會張成
圓圈的形狀

我們可以用「10 大情緒引導 DIY 轉盤」測量我們的驚訝程度。注意！驚訝一共有三種情緒強度。測量驚訝情緒的強度時，可以想像「看到窗前有不同的東西或動物飛過」。

情緒強度第 1 級（弱）

當我們覺得「有點驚訝」時，就是看到「可能會發生的事」，即使這件事不在我們的計畫和預期內。例如，當我們有這種感覺時，可能是看見從小孩手上鬆脫的彩色風箏從窗外飛過。我們可能會看到彩色風箏飛過，但並不是經常發生的事。

情緒強度第 2 級（中）

當我們覺得「驚訝」時，就是看到「某個不太可能的事情發生、突然從天而降」。例如，當我們有這種感覺時，可能是看見一架古董輕型飛機飛過窗外，這是不太常見或者不是我們能預料的情況。

情緒強度第 3 級（強）

當我們覺得「非常驚訝」時，就是發生「絕對不可能預料到」的事情，我們甚至會揉揉眼睛，或者捏捏自己，確定不是在做夢。例如，當我們有這種感覺時，可能是看見一隻大象飛過窗外。對，你沒看錯！一隻大象飛過去！因為這件事太難以置信和出乎預料，我們會對此目瞪口呆。

大象米妮的神祕照片

　　一個星期前舉辦了大象米妮的生日派對。當時，花園裡充滿歡樂和繽紛色彩，有一堆朋友、氣球、禮物和驚喜。幾天過後，大象米妮的朋友河帕跟長頸羅聚在一起幫她整理慶生相簿。

　　「這裡有一張大象米妮打開禮物的照片。」長頸羅指著一張照片。

　　「喔！對耶！她喜歡得不得了。我想，我們猜中她喜歡橘色手織扁帽。」河帕說。

　　「看哪！這張照片是大象米妮用鼻子吸滿奶酪的照片。」

　　「哈哈，真是太有趣了。接著，她就把奶酪噴到空中，天空彷彿下起奶酪雨。」

　　「這堆奶酪好油！回家以後，媽媽馬上把我塞進河馬浴缸。」河帕笑著回憶。

　　「耶？好奇怪的照片。」長頸羅指出，「大象米妮的表情好像看見鬼了！」

　　「妳說得沒錯……她什麼時候擺出這種表情？」河帕問。

　　「不知道！好神祕！我記得，大象米妮整個下午都笑嘻嘻的。」

　　「我好好奇呦！長頸羅……大象米妮該不會遇到什麼問題，我們卻沒發現……」

　　「我們把這張照片寄給鱷魚偵探，他會幫我們解開謎團！」

鱷魚偵探的探案筆記

分析了河帕跟長頸羅寄來的照片後，我知道大象米妮發生什麼事了。河帕和長頸羅不懂為什麼照片中的大象米妮會嚇一跳，因為在整場派對，他們只看見大象米妮笑嘻嘻的臉龐。

眼睛睜得很大。

嘴巴張成一個「圓圈」。

眉毛抬高。

專注看著
某一樣東西。

為了確認我的推測，我得先看看河帕跟長頸羅在幾天前，替賓客製作的完整邀請函。

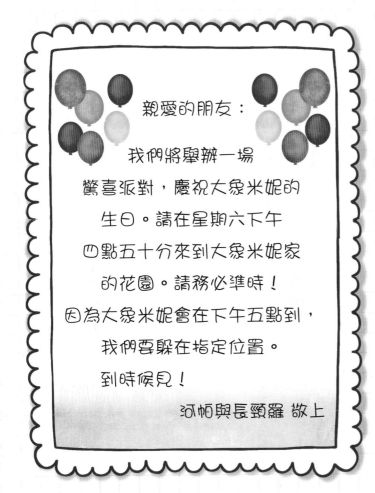

親愛的朋友：

我們將舉辦一場
驚喜派對，慶祝大象米妮的
生日。請在星期六下午
四點五十分來到大象米妮家
的花園。請務必準時！
因為大象米妮會在下午五點到，
我們要躲在指定位置。
到時候見！

河帕與長頸羅 敬上

照片中可以清楚看見「大象米妮手錶上的時間指著五點整」。所以，這張照片記錄大象米妮準時出現時，那一刻的表情。她驚訝的看到朋友替她準備驚喜派對，所以相機抓住的情緒是「驚訝」，一種短暫出現的情緒，一秒過後就變成開心。因此，河帕跟長頸羅才會不記得看到大象米妮曾經展現過這種表情。

哈囉！我的名字叫羞羞，我覺得十分尷尬，
所以經常躲起來不讓人看到。
我是代表「尷尬」情緒的小精靈。

尷尬

當我們有心或無心犯錯時，會有這種情緒。我們覺得自己鬧了笑話，相信其他人會因此嘲笑我們。另外，與尷尬相關的感覺是害羞，害羞的人經常感到尷尬。

當我們感到困窘，可能會覺得臉頰發熱、變得通紅，別人看出來我們的這些狀況時，讓我們更尷尬。尤其是聽到有人嬉笑著說：「你臉紅了！」

很難看清楚臉上表情，
因為被遮住了。

我們可以用「10 大情緒引導 DIY 轉盤」測量尷尬情緒。注意！一共有三種情緒強度。測量尷尬情緒時，可以想一想有多想把自己藏起來。

情緒強度第 1 級（弱）

當我們覺得「有點尷尬」時，會感覺到臉部有點發熱、希望別人別看我們，如果逮到機會，就會垂下眼睛，或者用一本書或戴上眼鏡把自己藏起來。如果別人沒說什麼，這種感覺或許很快就會消失，不會持續下去。例如，當有人讚美我們：「你今天穿得真漂亮！」我們可能會有這種感覺。

情緒強度第 2 級（中）

當我們覺得「尷尬」時，會清楚感覺到臉頰發紅。這一刻，我們會想要找一張桌子、躲在下面或是跑走，儘快逃離當時的情境。例如，當我們在其他人面前跌倒或摔跤，或者我們得自嘲時，會出現這種感覺。

情緒強度第 3 級（強）

當我們覺得「非常尷尬」時，會發現內心很快充滿沉重的窒息感，甚至覺得自己彷彿燒了起來，感覺到臉就跟番茄一樣紅通通、難以冷靜下來、無法平息情緒。這時候，會恨不得隱形消失，或者地面裂開吞噬掉我們。

當我們驚訝於自己做出不當舉動，會覺得尷尬，比如在最不恰當的時刻，不自覺的放了個響屁。聽起來或許很可笑，但即使這是很自然的事情、每個人都可能遇到，還是難免讓人尷尬。

野狼魯魯失蹤記

　　野狼魯魯喜歡到森林裡散步，並且經常對森林居民開重口味的玩笑。可是有一天，所有動物都對野狼魯魯的詭計感到厭煩，決定捉弄他。一天早上，當野狼魯魯到森林裡散步時，他掉進了一個陷阱，那是一個泥巴坑。他氣呼呼的嗥叫、爬出坑外。

　　但是，事情並沒有就此結束，有個大木桶掉了下來，桶子裡滿滿的雞蛋和母雞羽毛就這麼潑在他的頭上。野狼魯魯不敢相信發生了什麼事。這時，森林深處傳來嘲弄的咯咯笑聲：「咯咯！咯咯！咯咯！咯咯……」野狼魯魯非常憤怒，他落荒而逃，沾滿蛋液與雞毛的外表，看起就像一座雞舍。因此，他沒有發現有人用相機捕捉了這一瞬間……喀嚓！第二天早上，森林村所有報紙頭條，都刊出了同樣的報導：「野狼魯魯！兇猛的野狼變成一座雞舍。」

　　這天早上，野狼魯魯到動物咖啡館吃早餐，跟以往一樣點了不加鮮奶油的鬆餅搭配一杯奶茶。接著，他拿著托盤走向放報紙的地方。這時候，他聽見如雷的笑聲。野狼魯魯手上的托盤掉到地板上，他飛也似的跑了出去。三天後，還是沒有任何野狼魯魯的消息。野狼魯魯失蹤了！

鱷魚偵探的探案筆記

森林村日報
森林村・1514年5月23日 星期五

兇猛的野狼魯魯變成一座雞舍。

全身沾滿羽毛的凶猛野狼！

野狼魯魯下落不明！
兇猛的野狼魯魯已經失蹤好幾天！

沒有人知道野狼魯魯跑到哪裡去了。我收到了一封信，信裡面解釋了整個事件的經過。信封裡還附上一張剪報，可以看見相關的新聞報導和野狼魯魯全身沾滿雞羽毛的照片，他真的感到非常困窘。

我沒有花太多力氣，就判斷出野狼魯魯被「尷尬」情緒淹沒了。我猜，當他看到報紙以後，會想要消失在大家面前好一段時間。

這幾天，沒有人看到野狼魯魯出門或回家。發生這件事後，他顯然不太可能回到森林。我記得小時候，他曾讓我看他的祕密基地──在他爺爺奶奶家花園裡的一棟小木屋。在強烈直覺的驅使下，我到那裡去找他。

我沒猜錯，野狼魯魯果然坐在角落、一對耳朵垂了下來。當他看見我，臉色立刻變得紅通通的。他告訴我：他不能忍受全森林村的人都嘲笑他。此外，他對自己在森林裡的行為感到難受。我們兩個的結論是，他處在「非常尷尬」的狀態，是「10大情緒引導DIY轉盤」第3等級的情緒強度（強）。

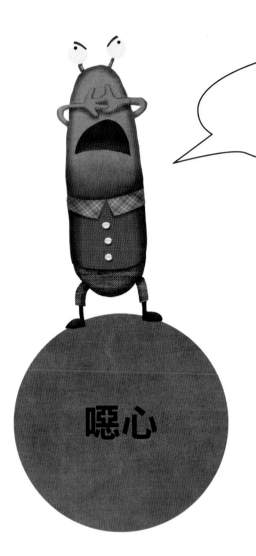

我的名字叫「噁噁」，
我總是在說出「噁！」這個字時
捏住鼻子。我對什麼東西都覺得很噁心，
我是代表噁心的情緒小精靈。

噁心

「噁心」的感受可能是由某種東西或者是某個人引起的，我們會感到不舒服、出現排斥態度。我們覺得噁心的顏色、味道、畫面或是記憶，都可能引起我們頭昏和嘔吐。所以，當我們出現這種感覺，會想要逃避讓我們感到噁心的東西。

當我們覺得噁心，會皺起鼻子、瞇起眼睛、上唇會抬高。

鼻子皺起，
就像手風琴

上唇抬高、
靠近鼻子

我們可以用「10 大情緒引導 DIY 轉盤」測量覺得噁心的程度。注意！噁心一共有三種情緒強度。測量「噁心」情緒時，可以用「想像附近有臭氣沖天的東西」來比喻。

情緒強度第 1 級（弱）

當我們覺得「有點噁心」時，臉部表情會改變。比如：聞到不喜歡的氣味，而這個味道並不強烈，所以我們還可以忍受。

我們可以用「穿過的襪子」當作例子。

情緒強度第 2 級（中）

當我們覺得「噁心」時，會忍不住露出不太高興的表情，老老實實的洩漏自己的感覺。當我們注意到有一定強度的噁心東西，我們會逃離、不想待在附近忍受這個感覺。

可以用「討厭的垃圾氣味」當作例子。

情緒強度第 3 級（強）

當我們覺得「非常噁心」時，我們的臉會扭曲，甚至出現頭暈的狀況。最慘的結果甚至會嘔吐。當我們發現難以忍受的東西，會有劇烈的噁心感，就算會無法顧及其他的事情（其他東西都變成次要的），不論如何都需要遠離讓我們感到噁心的東西。

我們可以用「腐爛的魚肉」當作例子。

狐胡鼻子上的大衣夾

　　幾個禮拜前，狐胡跟烏龜小歐剛成為室友。他們是非常好的朋友，所以兩個人都很開心、一切相安無事。直到有一天早上，當狐胡出現在廚房時，鼻子上夾了一個大衣夾⋯⋯

　　「早安，可是，狐胡⋯⋯你在鼻子上夾那個衣夾，是要上哪兒去？你不覺得非常不舒服嗎？」烏龜小歐目瞪口呆的看著狐胡，一邊問一邊繼續攪拌爐子上煮的湯。

　　「怎麼會！舒服極了！每天早上，我梳理鬍子時都會在鼻子上夾一個大衣夾。」

　　從那天起，狐胡都會在鼻子夾上衣夾、迅速解決早餐。

　　烏龜小歐不懂那支衣夾是怎麼一回事，所以她邀請鱷魚偵探來吃早餐，請他解開這個謎團。鱷魚偵探抵達時，看見狐胡正在窗邊狼吞虎嚥、鼻子上夾著衣夾、窗戶也是半開著。這時，烏龜小歐正安靜的攪拌湯鍋。

　　鱷魚偵探一踏進廚房，立刻拍了幾張照片、皺起鼻子聞一聞。

　　「唔！這是什麼味道！烏龜小歐，那是什麼湯？」他淘氣的問。

　　「大蒜湯！我奶奶的家傳菜。我已經喝了一百年的大蒜湯當早餐啦！請坐，鱷魚偵探。我幫您盛一碗。」

　　「哦⋯⋯」鱷魚偵探清了清喉嚨，「妳人真好，可是我得走了。放心，我已經找到需要的線索，很快就會打電話給妳。」他對烏龜小歐擠擠眼，然後離開了。

鱷魚偵探的探案筆記

我一踏進烏龜小歐跟狐胡的廚房，就發現哪裡不對勁了！

幾條線索透露出訊息：

✓ 狐胡的表情──皺著鼻子

✓ 狐胡神經緊繃、狼吞虎嚥的吃完早餐。

✓ 狐胡鼻子上夾了一個大衣夾。

✓ 天氣很涼，窗戶卻是半開著。

✓ 烏龜小歐的湯傳來濃濃的大蒜味。

於是，我問了自己這個問題：「狐狸喜歡大蒜嗎？」

在我看來，答案不言而喻。大部分的狐狸都不喜歡大蒜，狐胡甚至覺得噁心。經過分析後，我預估狐胡感覺到的是「10 大情緒引導 DIY 轉盤」中，情緒強度第 2 級（中）。如果只是情緒強度第 1 級（弱），並不需要衣夾。

如果是情緒強度第 3 級（強），他根本不可能在烏龜小歐煮湯時，在鼻子上夾著大衣夾來到廚房。

哈囉，小甜心！我的名字叫小愛。
我最喜歡親吻跟擁抱，
我是代表愛的情緒小精靈。

愛是一種溫柔動人的感覺。我們愛的對象有家人、喜歡的另一半、好朋友，跟我們住在一起的動物。

當我們心中充滿愛時，會想跟對方在一起、用文字、擁抱跟親吻，向他表達我們的感覺。我們也會為他擔心、希望他快樂。

愛

眼睛閃爍
著光芒

微笑

我們可以用「10 大情緒引導 DIY 轉盤」測量愛有多強烈。注意！愛一共有三種情緒強度。測量愛的時候，可以想像自己被蝴蝶環繞，你聽過「像有隻蝴蝶停在肚子」這樣表達愛的方式嗎？

情緒強度第 1 級（弱）

當我們覺得有「一點愛意」時，腦海會出現幻想。我們很可能還沒發現這個愛，但是這時的我們，會對某個人產生美好的想像，感覺就像有一隻蝴蝶安靜的從肚子上爬過。

情緒強度第 2 級（中）

當我們意識到「愛意」時，腦海的幻想會變得更清楚。我們已經知道自己對某個人產生美好的想像，想要經常跟這個人在一起。這個感覺就像有十隻蝴蝶從肚子上飛過去。

情緒強度第 3 級（強）

當我們感覺到「濃濃愛意」時，會認為再也不可能這麼愛一個人。我們相信這個人是一生摯愛，無法想像沒有他的世界。這樣的感覺就像全世界的蝴蝶都飛過我們的肚子，甚至因為感覺太強烈而有疼痛感。

鱷魚偵探的奇妙感覺

當鱷魚偵探幫小鹿小姐發現她對蜜蜂的恐懼後，這兩個鄰居開始花更多時間相處：一起去跑步、吃晚餐、上電影院……

一天晚上，當他們一起在森林村的河岸散步，小鹿小姐跟鱷魚偵探講了一些話，讓他整個人都覺得飄飄然……

「鱷魚偵探，我喜歡跟你在一起。」

接著，她小心翼翼的對他伸出手。鱷魚偵探覺得全身像觸電，這是一種從未有過的感覺。

鱷魚偵探回家以後，不由自主的一直想著那一晚，跟小鹿小姐一起散步的情景。他從未經歷過這樣美妙的感覺！

對他來說，觸電的感覺是全新的感受，他需要知道自己發生了什麼事。

鱷魚偵探的探案筆記

　　跟小鹿小姐約會以後，我試著用「10 大情緒引導 DIY 轉盤」，搞清楚自己發生了什麼事，因為這顯然跟某一種情緒有關。我拿著情緒測量轉盤繞著圈子踱步，同時問自己幾個問題：

✓ 是否經常想著小鹿小姐？

✓ 想著小鹿小姐的時候，是不是感覺像有隻蝴蝶停在肚子上？

✓ 每天都想見到她嗎？

✓ 每次靠近她時，是不是會心跳加速？

　　所有的答案都是肯定的，所以最後情緒測量轉盤的指針指出的情緒是……

　　愛！很明顯的，我感受到的是對小鹿小姐的愛，情緒強度是第 2 級（中）。我到現在才發現！

調節情緒小妙方：用最適當的方式建立人際關係

我們對鱷魚偵探「10 大情緒引導 DIY 轉盤」上的十種情緒已經有進一步的認識，該是學會如何應用的時刻了！接下來，這些妙方能幫忙你整理潰堤的情緒。

重要的是，你要學習辨識情緒，不只是你自己的，也包括身邊的人在內。鱷魚偵探會提供他的情緒調節練習來幫助你。

調節情緒的整體目標是學會尋求助益，以及用最適當的方式，跟自己和他人建立關係。

什麼是正面情緒？什麼是負面情緒？

如果有人問：「『10 大情緒引導 DIY 轉盤』上的十種情緒，哪幾種是正面的？哪幾種是負面的？」或許我們都會這麼分類：

‧**正面情緒**：快樂、愛和驚訝（如果是驚喜）。

‧**負面情緒**：悲傷、生氣、害怕、嫉妒、吃醋、尷尬、噁心和驚訝（如果是驚嚇）。

你怎麼看？你同意這樣的分類嗎？

我們歸在「正面」的情緒，顯然是讓我們感覺好的情緒，我們想要體驗和分享的情緒。

我們歸在「負面」的情緒，基本上是我們感覺不好的情緒（對我們跟身邊的人來說），我們想要迴避這個情緒。

可是……什麼是「好的」！老是覺得「快樂」恰當嗎？永遠「不會害怕」恰當嗎？

答案是：「不！」

有些時候，開心是不恰當的。譬如，當我們遺失重要的東西，我們當然會感到悲傷，這時候覺得高興就太奇怪了。

從另外一方面來看，我們歸為負面的情緒，經常是有用而且必要的。譬如，害怕能讓我們遠離危險，像是把手伸向蜂巢。

讓我們想像一下準備烤蛋糕的時候：

材料有：

✓ 麵粉

✓ 糖

✓ 雞蛋

✓ 奶油

✓ 泡打粉

✓ 鹽巴

　　如果材料的份量都是正確的，就可以烤出美味的蛋糕。我們可以根據每個人的口味，稍微在比例上做一些調整，但是如果調整太多，不管是分量太多或太少，食譜就可能出差錯。

　　一小撮鹽巴可以替蛋糕添加非常特別的風味，但是萬一不小心加太多，食譜就會出錯；適量的麵粉能讓蛋糕蓬鬆，可是加太多，蛋糕可能會變得像磚塊一樣硬。

　　情緒就像蛋糕的材料，只要比例正確、適度調整，就是恰當而且有益的。

　　總之，對我們來說，根據情境出現，而且有一定比例強度的所有情緒，可以是「正面」的。譬如：悲傷能驅使我們向外求助；生氣能促使我們要求某個自認為公平的東西；害怕可以保護我們遠離危險；吃醋能讓我們重視所愛的人、好好照顧他們；嫉妒能幫我們提升和注意自己；尷尬會讓我們避開某些場合；噁心能讓我們避免接觸某種腐壞的食物；驚訝可以警告我們，讓我們在面對危險時做出反應。

　　所有的情緒也可能是負面、不恰當和有害的，當情緒超出應有比例、發生在不恰當的時刻、拖太久，或者太過強烈。

　　接下來提供的小妙方能幫助你調適情緒，能考量自身利益又不忘卻他人利益。

調節情緒七步驟：從現在開始，我們該怎麼做？

現在，我們提供兩種選擇，繼續深入探討情緒的世界：

★第一種是當你讀這本書的同時，練習書上所有可嘗試的小妙方。你可以按照本書的順序，或者從目錄挑出你認為對應當下時刻的情緒。

★第二種是當你遇到某種情境、產生某種情緒，可以利用「10 大情緒引導 DIY 轉盤」來辨識情緒種類跟確認情緒強度。

按照以下步驟會簡單許多：

一、產生情緒：你遇到某件事，產生某種情緒。

二、辨識情緒：辨識是哪種情緒。

三、查看情緒分類：查看這本書講到有關這種情緒的頁面、細讀內容、確認自己沒有認錯情緒。接著使用「10 大情緒引導 DIY 轉盤」標示這種情緒。

四、確認情緒種類：如果你確定選擇的情緒種類沒錯，細讀這種情緒的三種情緒強烈描述，並確認是在哪個強度（弱、中、強）。如果你有疑問，記住這種情緒測量是主觀的，答案不一定就是正確或是不正確。鱷魚偵探的情緒案件也能幫助你辨識情緒種類。當你選擇完畢，用「10 大情緒引導 DIY 轉盤」標示出來。

五、找到對應妙方：辨識完情緒、找到對應的妙方，試試看運用這些建議調節你的情緒。

六、再次測量情緒：試完情緒調節妙方後，再一次測量目前的情緒強度。用「10 大情緒引導 DIY 轉盤」重新標示。如果強度減弱到 0，意味著這種情緒已經消失了，很有可能出現另外一種情緒。如果是這樣，繼續到步驟七。

七、重新辨識情緒：辨識你現在的情緒（到了這裡，如果你有勇氣，可以回到步驟三，重新開始處理新的情緒）。

注意！儘管整體來看，一定有某種情緒的成分比較高，但是當情緒出現時，經常不只有一種情緒，或者混和著多種情緒。「10 大情緒引導 DIY 轉盤」能幫我們確定有哪幾種情緒混合在一起：我感到「悲傷」又有點「生氣」。

越能清楚辨識我們的情緒，越能著手調節。

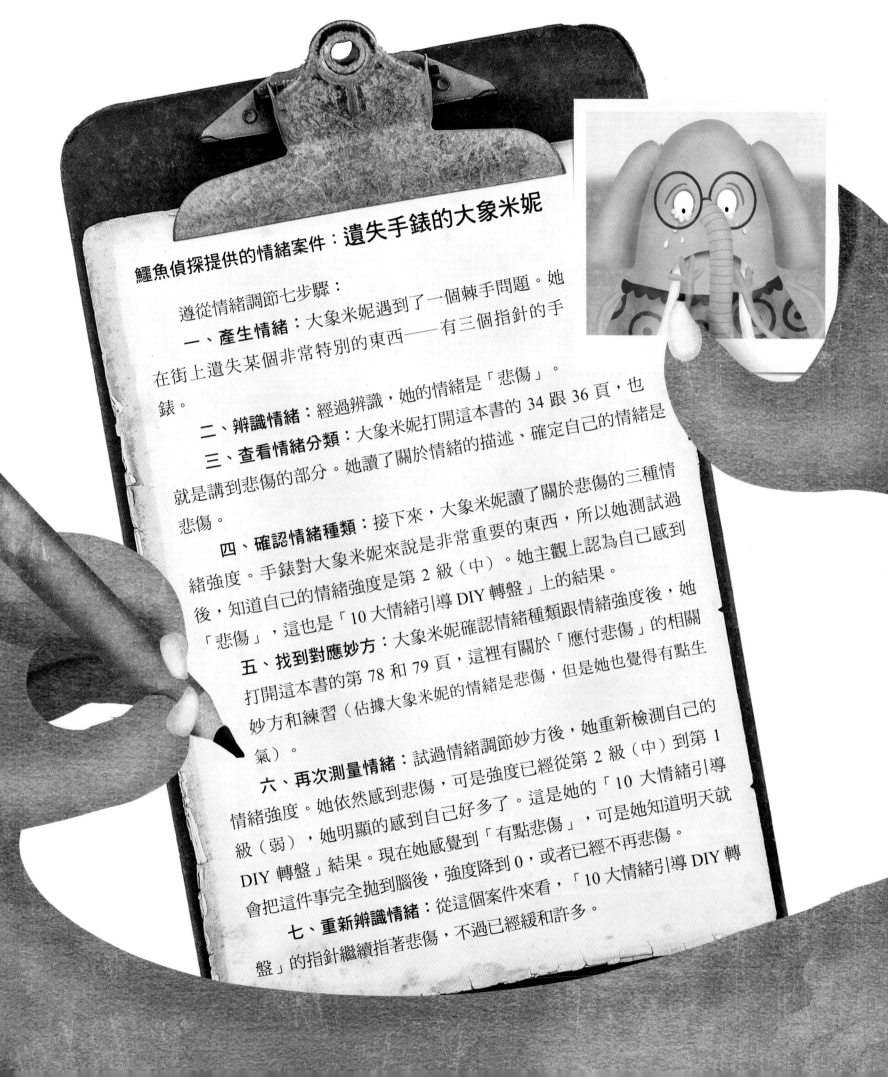

鱷魚偵探提供的情緒案件：遺失手錶的大象米妮

遵從情緒調節七步驟：

一、產生情緒：大象米妮遇到了一個棘手問題。她在街上遺失某個非常特別的東西——有三個指針的手錶。

二、辨識情緒：經過辨識，她的情緒是「悲傷」。

三、查看情緒分類：大象米妮打開這本書的 34 跟 36 頁，也就是講到悲傷的部分。她讀了關於情緒的描述、確定自己的情緒是悲傷。

四、確認情緒種類：接下來，大象米妮讀了關於悲傷的三種情緒強度。手錶對大象米妮來說是非常重要的東西，所以她測試過後，知道自己的情緒強度是第 2 級（中）。她主觀上認為自己感到「悲傷」，這也是「10 大情緒引導 DIY 轉盤」上的結果。

五、找到對應妙方：大象米妮確認情緒種類跟情緒強度後，她打開這本書的第 78 和 79 頁，這裡有關於「應付悲傷」的相關妙方和練習（佔據大象米妮的情緒是悲傷，但是她也覺得有點生氣）。

六、再次測量情緒：試過情緒調節妙方後，她重新檢測自己的情緒強度。她依然感到悲傷，可是強度已經從第 2 級（中）到第 1 級（弱），她明顯的感到自己好多了。這是她的「10 大情緒引導 DIY 轉盤」結果。現在她感覺到「有點悲傷」，可是她知道明天就會把這件事完全拋到腦後，強度降到 0，或者已經不再悲傷。

七、重新辨識情緒：從這個案件來看，「10 大情緒引導 DIY 轉盤」的指針繼續指著悲傷，不過已經緩和許多。

享受快樂情緒
小妙方

「快樂」是所有情緒當中，比較讓人喜歡和覺得美妙的情緒。當這種情緒來敲門時，可以利用機會好好感受和享受。

我要好好感受快樂情緒、享受這份珍貴和重要的幸福時刻。不讓任何人來破壞我快樂的一天。

享受快樂小妙方：

✓ 跳躍，跳舞，唱歌……

✓ 面帶微笑、時而放聲大笑。

✓ 找人一起分享這份快樂。

✓ 散步、踏青。

可以利用「10 大情緒引導 DIY 轉盤」，辨識情緒是快樂，並且確定情緒強度。

✓ 享受美食，並且細細品嚐每一口。

✓ 閱讀一本書或觀賞一部冒險類電影。

✓ 利用這份高興的心情完成手工藝創作，或者創作美麗的作品。

✓ 告訴自己：「太美妙了！我感覺棒得不得了！」

懂得利用這份高興的感覺非常美妙，但是不要忘記我們的義務跟責任。

鱷魚偵探的情緒調節練習

你可以看著鏡子，模仿快樂情緒的三種情緒強度：

✓ 情緒強度第1級（弱）　✓ 情緒強度第 2 級（中）　✓ 情緒強度第 3 級（強）

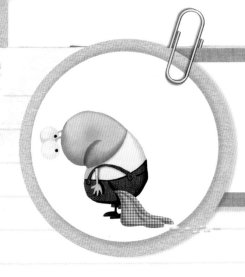

處理悲傷情緒
小妙方

　　有時候，我們會遇到傷心的事。悲傷是一種基本的情緒，我們不該拒絕它，因為我們常常會需要悲傷情緒。悲傷是一種求助方式，也是一種動力，讓我們改變人生不喜歡的部分，也可以讓我們對別人感同身受。因此，悲傷對我們有益，唯一該做的是不要被這種情緒完全佔據。因此，當我們接受這種情緒時，也該學習跟它揮手說再見。

　　比如，當我們一整個暑假都不能跟最好的朋友見面，向他告別的那天和那個時刻，會感覺到悲傷。但是，這種悲傷如果很強烈，而且持續好幾天，就得努力放下它。

處理悲傷情緒的小妙方分成兩個部分：

一、接受悲傷

✓　想要的話，可以花點時間哭泣和發洩。

✓　跟某個能信任的人談心、告訴他我們發生了什麼事。

✓　可以思考一下發生的事，發現「有這種情緒是正常的」。

✓　接受心愛的人的安慰。

✓　如果有必要，找個方法解決發生的事，讓自己平靜下來。

二、開始告別悲傷

✓ 想一些讓自己覺得愉快的東西。

✓ 聽聽愉快的音樂。

✓ 跟朋友見面。

✓ 從事活動或做提振心情的運動。

✓ 告訴自己：「事情已經過去、不值得繼續想下去。」

如果悲傷情緒就像下大雨、你沒辦法應付這種情緒時，記住總有其他機會，你可以在雨中跳舞！

 我們可以用「10 大情緒引導 DIY 轉盤」辨識情緒結果是悲傷、確定它的情緒強度。
這樣一來，我們可以觀察這個情緒是否非常強烈或者持續太久。

鱷魚偵探的情緒調節練習

說說看，下面哪張圖代表悲傷情緒？

平撫生氣情緒
小妙方

當我們遇到討厭的情況，可能會生氣。這種情緒是一種自然的反應，但是我們應該試著控制在一定範圍內。換句話說，面對該生氣的狀況時，可以表露和傳達怒氣，但是應該要控制它。

譬如，當有個朋友冷落我們，我們可以板起臉對他說：「我不太高興，因為你忽視我。」但是從這裡開始，最重要的是不可以氣過頭，因為我們一旦超出界線、無法控制，可能就會像火山爆發，做出不恰當的行為。

當我們爆發時，我們可能會尖叫和冒犯身邊的人，破壞某個物品或甚至傷害某個人。我們會做出事後一定會後悔的事。所以當我們生氣時，最好趁著失控前，把怒火澆熄。如果最後我們失控、怒氣爆發，也沒關係，我們是人類，下一次一定能做得到。

 我們可以用「10大情緒引導 DIY 轉盤」辨識結果是生氣和確定它的情緒強度。這樣一來，我們可以觀察這個情緒是否非常強烈或者持續太久。

平撫生氣情緒的小妙方：

✓ 深深呼吸。

✓ 數到 10 再行動。

✓ 遠離我們認為會怒氣爆發的情況。

✓ 如果我們對他人感到生氣，試試了解對方為什麼這麼做。

✓ 不要理會讓我們不開心的人、找其他方式引開自己的注意力。

✓ 對自己這樣說：「冷靜！沒那麼嚴重！」

✓ 從事某種運動或活動，來紓解怒氣。

✓ 當我們比較平靜以後，找個人談心、跟他說我們為什麼生氣。

✓ 如果我們控制不住生氣了，向對方道歉。

如果你發現內心出現火苗！快跑！不要浪費時間、不要猶豫，趕快裝桶水澆熄它。

鱷魚偵探的情緒調節練習

下面圖片中，哪個反應是最常見的生氣反應？

✓ 微笑　　　　　　　✓ 躲起來　　　　　　✓ 尖叫

想想看，另外兩張圖，分別代表哪種情緒？

克服害怕情緒
小妙方

害怕是一種面對危險時產生的自然反應。這種不愉快的感覺會佔據我們。害怕有一定程度的益處，因為這個情緒能保護我們避免危險。

譬如，「害怕徒步穿越高速公路」是好的情緒反應，因為路上都是高速行駛的車輛，我們能因此保護自己的安全、免於不需要的風險。

問題在於，如果害怕某個只存在於想像中的東西，或不太可能發生的事，我們會放棄做我們想要或該做的事。

比方說，我們不敢去海邊玩，因為害怕鯊魚出現，儘管有人向我們解釋非常多次：這一帶不會有這樣的危險。

另外，當害怕情緒非常強烈或者持續很久，可能會惡夢成真。我們可以借助「10 大情緒引導 DIY 轉盤」來觀察這個情緒。

克服害怕情緒小妙方：

✓ 深深呼吸、抬頭挺胸。

✓ 不要去想可能會發生的厄運，因為發生的機率很小。

✓ 吹一口蒲公英，彷彿看到害怕全都飛走了。

✓ 慢慢克服害怕。比如：你害怕海水浴，先從讓雙腳泡水開始，然後再試試泡到膝蓋，最後試試到腰部……是不是沒什麼好怕的？就這樣繼續下去，直到你能像條魚悠游水中。

✓ 相信自己。看著鏡子裡的自己說：「你辦得到！」「你很勇敢！」

如果看到一隻毛茸茸的黑色大蜘蛛，大搖大擺的在房間裡溜達，不要看牠也不要理牠。慢慢的，蜘蛛會變小、最後消失了。

鱷魚偵探的情緒調節練習

把你對以下情境感受到的害怕情緒強度，從小排到大。

除了這幾種，想想其他四種你更害怕的狀況。

遠離嫉妒情緒
小妙方

我們都可能在某個時刻感到嫉妒，這是一種自然的感覺，甚至對我們有幫助，因為可以激勵我們努力改進某些東西。譬如，當我嫉妒班上同學的閱讀能力，我會努力提升自己的閱讀能力。

我們要談的還有一種嫉妒，一般稱作「良性嫉妒」。當有人擁有我們想要的東西，我們會很開心。譬如，當我最好的朋友到國外度假，我會嫉妒，因為我也想去。但是我很替她高興，因為她是我很欣賞的人。

前面這兩種嫉妒不會帶來什麼問題，可是……當我們被嫉妒蒙蔽雙眼，會發生什麼事？當我們對其他人的東西念念不忘，甚至產生不好的念頭呢？當嫉妒抵達一定強度，會在我們的生活扎根，所以要趕跑它。

譬如，有個同學買了一輛我想了很久的腳踏車，這讓我嫉妒不已。於是，只要逮到機會，我就會在他面前狠狠的酸他。

你可以使用「10 大情緒引導 DIY 轉盤」測量和控制你的嫉妒情緒。

遠離嫉妒情緒的小妙方：

✓ 寫下你的感覺，承認自己感到嫉妒。

✓ 記下你所有美好的特質。

✓ 選出一個美好特質，回想對此特質感到驕傲的那一刻。比如，我的想像力豐富，學期初寫了一個自己非常喜歡的故事，還受到全班讚賞。

✓ 記下你所擁有的東西和喜歡的東西。

✓ 從上述物品中選出一樣，回想使用這個東西時的美好時光。比方，我有個畫箱，當我使用它的時候，感覺非常棒。

✓ 告訴自己：「我能擁有這些東西真是幸運！我不需要別人擁有的東西！」

**如果你的欲望盒子很大或者一般大，就把它藏在衣櫃最隱蔽的角落。
我相信，它會在你意想不到的那天，像變魔術一樣消失。**

鱷魚偵探的情緒調節練習
以下情形，哪個最讓你感到嫉妒？

調節吃醋情緒
小妙方

吃醋跟大多數的情緒一樣，如果只是輕微的情緒強度，不會有什麼麻煩，甚至在需要的時候，能幫助我們表達溫柔或者博取注意跟同情。

譬如，當媽媽抱了弟弟，我會有點吃醋，我會張開手臂走過去，希望也能得到一個擁抱。

問題在於，如果打翻醋缸子，會為我們和其他人帶來困擾。當吃醋的情緒太過強烈，我們會出現不恰當的行為。

譬如，我看見媽媽抱弟弟，所以吃醋。我覺得大家比較愛他，而不愛我，因為沒有人理我。

過了一會兒，我趁媽媽不注意，弄壞弟弟堆的積木，還拿玩具打他。

因此，當我們借助「10 大情緒引導 DIY 轉盤」發現自己吃醋情緒的強度很高，我們就要加以避免。

調節吃醋情緒的小妙方：

✓ 當我們吃醋時，可以說出來，表達我的感覺跟說明原因。

✓ 想要遠離吃醋情緒，一定要愛自己，你可以：
  ・**認清自己的優點**：用三句話解釋你與眾不同的特點或優點。
  ・**畫出你的自畫像**：使用顏色和其他素材（硬紙板、衣料、羊毛……）。試著畫出自己愉快的表情，並且在下面寫：「我是獨一無二的！」

✓ 試著了解以下情形：我們喜歡或欣賞某些人是正常的。當我們看見心愛的人對其他人表現出愛的行為，要知道這不會影響我們，或者從我們身上奪走什麼。

✓ 盡情享受跟心愛的人相處的時光。

✓ 當你看見心愛之人對他人愛的舉動，最好試著加入，而不是垂頭喪氣離開。

**打開用醋意建立的籠子、拆掉它，讓心愛的人飛往他想去的地方。
或許，當他越感到自由，越會想待在你的身邊。**

鱷魚偵探的情緒調節練習

下面哪個狀況，你會覺得嫉妒？

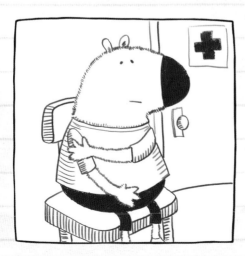  

面對驚訝情緒
小妙方

在這個部分，我們會專注探討正面的驚訝。這是一種時間短暫但是帶給我們非常愉快的情緒。在許多專家看來，驚訝甚至可能歸成一種能力，因為這是一種非常使人愉快的情緒，最後會導向高興。

譬如，星期六早上我們全家出門。我原本以為要去購買必需品，可是當我看見我們竟然到兒童樂園，真是驚訝得不得了。我們過了非常美妙的一天。

我們可以使用「10 大情緒引導 DIY 轉盤」確認和測量驚訝的情緒強度。儘管這種情緒很短暫，但是當我們幸運遇到，可以試著多多享受。

面對驚喜情緒的小妙方：

✓ 開口笑，表達這個驚訝有多美妙、你有多感謝對方。
這樣，感覺能再持續一陣子。

✓ 替心愛的人準備驚喜、給予跟接受驚喜都是很美妙的
體驗。

✓ 找個人一起分享驚喜。當分享出來，好事往往能帶給
加倍的喜悅。

✓ 告訴自己：「太棒了！」「真是不敢相信！」「太感
動了！」

**如果看見有一頭大象從窗外飛過，不要問自己是不是在做夢、
不要捏自己、不要浪費時間解開謎團……享受這份情緒就好！**

鱷魚偵探的情緒調節練習

運用以下三張圖片，想像三種相關的驚喜狀況！

克服尷尬情緒
小妙方

根據情境，出現適當的尷尬情緒，能幫我們調適行為。例如：我覺得穿睡衣和運動鞋上街很令人害羞、尷尬。那麼，就會試著每天早上好好打扮再出門。

尷尬也能幫我們在做事時顧及自己的能力，例如：這次的耶誕節表演，我不參加合唱團。我不去任何試演，也不唱任何歌。

可是，如果出現很強烈的尷尬情緒，可能會阻撓我們，讓我們裹足不前，這就會產生問題，限制我們，不讓我們做喜歡的事。

「我想要學彈吉他，可是一想到要當眾表演或參加音樂會，我就尷尬得不得了，我怕搞砸或出錯。」

因此，當我們使用「10 大情緒引導 DIY 轉盤」後，如果尷尬情緒經常出現，而且有一定強度，就得試著克服。

克服尷尬情緒的小妙方：

✓ 你不是世界的中心！這意味你對於成為眾人焦點感到很尷尬，但其他人並不是時時刻刻注意你的存在。

✓ 如果你出糗，或變成某件好笑事件的焦點，就跟他們一起笑吧。自嘲能幫你不那麼在意，是一種對抗尷尬的絕佳武器。

✓ 避免想可能會出糗的狀況，可以想想其他事情讓自己分心。

✓ 告訴自己：「出錯沒什麼大不了，每個人都會出錯！」「我要再試試。」「這其實很有趣啊！」

如果你想變成隱形人或消失不見，記住當大家玩得很開心，你卻躲得遠遠的，是一件多麼無聊的事。

鱷魚偵探的情緒調節練習

如果有人臉紅得跟番茄一樣，你該怎麼做來幫助他？

一、嘲笑他。

二、到處跟別人說他臉紅了。

三、了解原因、跟他說這沒什麼大不了、讓他不要太在意。

減緩噁心情緒
小妙方

噁心是對某種物質、物品或情形，產生排斥的一種情緒。大多數時候，能保護我們避免食用腐壞的食物，是相當有用的一種情緒反應。

譬如：過期的魚肉會產生一種令人不太愉快的氣味、外觀，甚至觸感，讓我們感到噁心，這種感覺會促使我們逃得遠遠的。因此，整體看來，噁心能讓我們保持健康和衛生的習慣。

當然，有時候我們會無可避免的需要面對超級噁心的狀況，多數時候對我們來說，是個需要面對的問題。

譬如：我看到蒼蠅就覺得噁心。每次蒼蠅飛過來，我就會趕快離開，我無法想像摸到蒼蠅沾過的東西、無法忍受牠停在我身上。我最可怕的惡夢是被一群蒼蠅包裹住，但問題是，每到夏天，即使很熱，我依然避免打開窗戶，因為害怕蒼蠅，我也幾乎不到山裡遠足。

如果用「10 大情緒引導 DIY 轉盤」測出噁心的強度已經阻撓我們去做喜歡的事，可以試試減緩情況。

減緩噁心情緒的小妙方：

✓ 對抗噁心的其中一種方法，是欺騙感官，以下是幾個可行的點子：
　　• 想像你在一個百花盛開的原野奔跑，或者在天堂一般的沙灘上享受海水浴。
　　• 想像你聞到舒服的香水氣味。
　　• 想像你正在吃某個美味的東西。

✓ 試著不要注意讓我們覺得噁心的東西，把焦點轉到其他事物。

✓ 告訴自己：「沒那麼噁心。」「我可以忍受。」

✓ 有時候，只是單純因為外表，我們就對某種健康食物感到噁心。但是，這值得試看看，你會發現其實沒那麼糟糕。

如果你喜歡一個地方，但是只因為害怕在那裡看見超級臭的襪子就避開，
記住你可以視而不見這種小細節，專注在會遇到的其他美好事物。

鱷魚偵探的情緒調節練習
從以下圖片中，找出哪個角色擺出噁心的表情。為什麼你認為他覺得噁心？

表達愛的情緒
小妙方

毫無疑問，愛是一種最美妙、最讓人最需要的情緒。讓我們來證明和表達這種情緒是最美好的事。

愛跟快樂、驚喜一樣會帶來開心的感覺。因此，重要的是樂在其中、充分體驗。

一天最棒的時刻，莫過於媽媽哄我們上床睡覺、躺在身旁的時光。在這個時刻，她會親我們、抱我們，我們會傾訴有多愛彼此。

可以用「10大情緒引導DIY轉盤」來確認情緒種類跟情緒強度。

表達愛的情緒的小妙方：

✓ 給予和接受親吻。

✓ 給予和接受擁抱。

✓ 親手做東西送給心愛的人。

✓ 一天至少說一次「我愛你」。

✓ 找一些可以一起從事的活動。

✓ 告訴自己：「我真是幸運，身邊圍繞著心愛的人。」

鱷魚偵探的情緒調節練習

讓我們來做個美妙的事，替這本書畫下句點！

對你愛的人：

✓ 親吻三次。

✓ 擁抱三次。

✓ 說三次「我愛你」。

鱷魚偵探【兒童情緒引導】故事大百科
（隨書附贈10大情緒引導DIY轉盤）

作　　者：蘇珊娜・伊瑟恩（Susanna Isern）
繪　　者：莫妮卡・卡雷特羅（Mónica Carretero）
譯　　者：葉淑吟
總 編 輯：張瑩瑩
主　　編：鄭淑慧
責任編輯：謝怡文
校　　對：魏秋綢
封面設計：周家瑤
內文排版：菩薩蠻數位文化有限公司
出　　版：小樹文化股份有限公司

發　　行：遠足文化事業股份有限公司（讀書共和國出版集團）
　　　　　地址：231新北市新店區民權路108-2號9樓　　　電話：(02) 2218-1417 傳真：(02) 8667-1065
　　　　　客服專線：0800-221029　　　　　　　　　　　電子信箱：service@bookrep.com.tw
　　　　　郵撥帳號：19504465遠足文化事業股份有限公司
　　　　　團體訂購另有優惠，請洽業務部：(02) 2218-1417分機1124

法律顧問：華洋法律事務所 蘇文生律師
出版日期：2019年1月30日初版
　　　　　2024年7月19日初版11刷

國家圖書館出版品預行編目資料

鱷魚偵探(兒童情緒引導)故事大百科 / 蘇珊娜.伊瑟恩(Susanna Isern) 著
; 莫妮卡. 卡雷特羅(Mónica Carretero)繪 ; 葉淑吟譯. -- 初版. -- 新北市：
小樹文化出版：遠足文化發行, 2019.01
面；公分
譯自：El emocionómetro del inspector drilo

ISBN 978-986-5837-99-0(精裝)

1.親職教育 2.情緒管理 3.通俗作品

528.2　　　　　　　　　　　　　　　　　　　107022487

特別聲明：有關本書中的言論內容，不代表本公司/出版集團
之立場與意見，文責由作者自行承擔

鱷魚偵探【兒童情緒引導】故事大百科
線上讀者回函專用QR CODE
您的寶貴意見，將是我們進步的最大動力。

10大情緒引導DIY轉盤

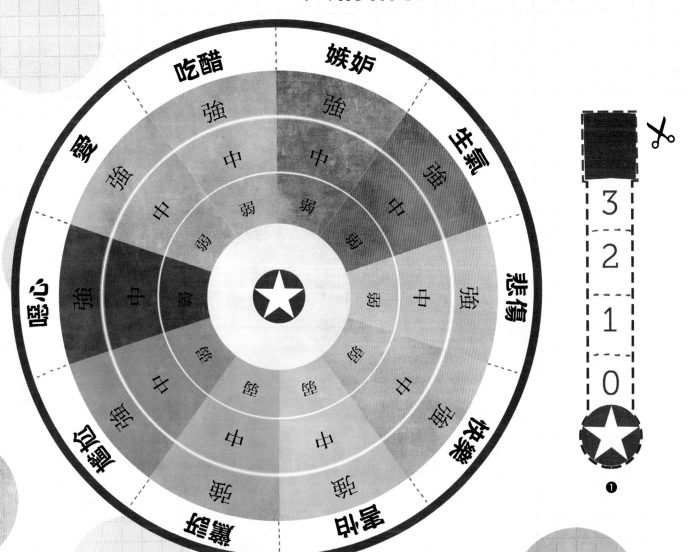

嫉妒 吃醋 愛 噁心 憤怒 攻擊 害怕 快樂 悲傷 生氣

強 中 弱 弱 中 強

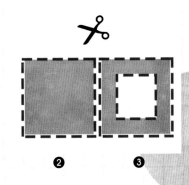

❷　❸

3
2
1
0
★

❶

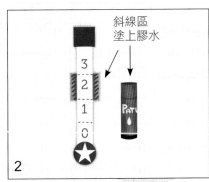

❶
❷

3
2
1
0
★

1

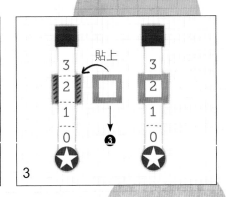

斜線區
塗上膠水

3
2
1
0
★

2

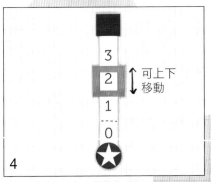

貼上

3
2
1
0
★

❸

3
2
1
0
★

3

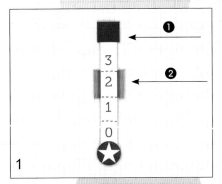

可上下
移動

3
2
1
0
★

4

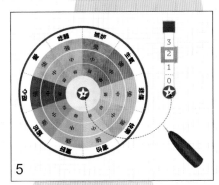

3
2
1
0
★

5

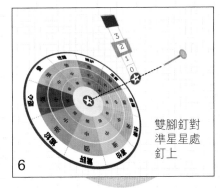

雙腳釘對
準星星處
釘上

6

7

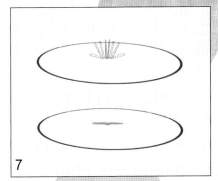

完成